AF562652

MÉMOIRE

CONCERNANT UNE PARTIE DU

PROJET DU CODE RURAL

Livre deuxième : Régime des Eaux; Titre IV,
Chapitre IV : *Endiguements.*

PRÉSENTÉ

A Messieurs les Sénateurs et à Messieurs les Députés

PAR

M. A. GOUAULT ET **M. O. MARAIS**

Ancien Elève de l'Ecole Polytechnique,
Expert des Syndicats de la Basse-Seine.

AVOCAT
à la Cour d'Appel de Rouen.

ROUEN

IMPRIMERIE CH.-F. LAPIERRE

1, RUE SAINT-ÉTIENNE-DES-TONNELIERS, 1

1876

MÉMOIRE

CONCERNANT LE

PROJET DU CODE RURAL

Livre deuxième : Régime des Eaux; Titre IV,
Chapitre IV : *Endiguements.*

Principes d'examen du Code Rural.

L'exposé des motifs contient lui-même l'essence des principes qui ont dû présider à la rédaction du Projet du Code Rural, et qui peuvent par conséquent servir à l'examen et à la critique des articles qu'il contient.

D'après M. Fournel *(Les lois rurales de la France,* 1823, tome Ier, page 21) : « *chez une vieille nation* comme la France, *qui a tenu toujours l'agriculture en honneur, la législation rurale doit être faite depuis longtemps : la matière ne manque pas, il ne manque que sa distribution ; le Code rural ne peut être autre chose que la recherche et la réunion de tous les fragments qui existent déjà sur la ruralité.* »

Et plus loin, on lit encore à l'Exposé des motifs *(De l'Utilité d'un Code rural)* que « *la Commission de* 1834 *avait exprimé l'avis que, pour être éparse, la législation rurale n'en était pas moins complète.* »

Le projet de Code rural doit donc être uniquement la réunion coordonnée des lois sur la matière, et il ne doit être fait d'innovation que pour parer à une discordance ou à une lacune existant dans la législation actuelle. Il faut que la nécessité s'en impose d'une manière impérieuse.

C'est en nous conformant à ces principes, sur lesquels nous sommes en plein accord avec les rédacteurs du projet, que nous nous proposons d'en examiner quelques articles compris sous le titre : *Endiguements, Livre deuxième ; Régime des Eaux, titre IV, chapitre IV.*

Objet du chapitre cité du Code rural. — Endiguements sur fleuves et rivières navigables et flottables.

Ce chapitre a pour but de régler les rapports de l'Etat et des propriétaires riverains, à l'occasion des endiguements qui peuvent être entrepris le long des fleuves et rivières navigables ou flottables, soit dans un but d'intérêt privé, soit dans un but d'intérêt général.

L'article 99, premier du chapitre, a pour effet d'appliquer aux endiguements à exécuter en vue d'intérêts privés les dispositions des articles 38 et suivants, proposés au chapitre 5 du titre II, pour les rivières non navigables ni flottables.

Nous n'avons, sur ce point, aucune observation à faire; il s'agit, en effet, de la quasi réédition de la loi du 21 juin 1865 concernant les *associations syndicales*.

Les autres articles, nos 100 à 105, se réfèrent aux travaux d'endiguement entrepris dans un but d'intérêt public. Ils auraient pour effet, s'ils étaient adoptés, d'introduire un véritable bouleversement dans la législation actuelle. Celle-ci fonctionne d'ailleurs d'une manière absolument satisfaisante, à part quelques imperfections de juridiction, sur lesquelles au surplus, la lumière paraît faite aujourd'hui.

Les rédacteurs du projet ne proposent rien moins que de *confisquer* au profit de l'Etat, sans nécessité, sans motifs, sans même qu'aucun prétexte soit allégué, la propriété des *alluvions* qui, de tout temps, a été attribuée aux propriétaires riverains ; elle est de plus inscrite dans le Code, dans la loi de 1807, au moins virtuellement ; elle est reconnue par la doctrine ; la jurisprudence l'a consacrée ; enfin, elle est avouée par tous les actes de l'Etat lui-même.

Il nous paraît utile de rappeler en quelques lignes, les principales règles de la législation actuelle composée avec le Code civil, la loi du 7 septembre 1807, et la loi du 21 juin 1865.

Législation actuelle.

Les travaux d'endiguement sont autorisés par une loi, ou par une ordonnance du Chef du Pouvoir exécutif, laquelle décide, en même temps, si l'Etat se réserve l'exécution des travaux ou la confie à des concessionnaires. (3 mai 1841, art. 2; 16 septembre 1807, art. 41.)

Si les propriétés riveraines doivent acquérir par suite de ces travaux une notable augmentation de valeur, elles peuvent être chargées de payer une indemnité qui peut s'élever jusqu'à la moitié des avantages qu'elles auront acquis (16 septembre 1807, art. 30). Cette question est décidée par un règlement d'administration publique (même loi, art. 58).

L'estimation de la plus-value est faite dans les formes établies par la loi de 1807, et définitivement fixée par une Commission spéciale que nomme, à cet effet, le Chef du Pouvoir exécutif (même loi, art. 30, 44, 58).

Voici le détail des opérations :

Le Préfet constitue les propriétaires en syndicat (même loi, art. 7), lequel nomme un expert, qui doit procéder avec l'expert de l'Etat, nommé par le Préfet, et le tiers expert, nommé par le Ministre de l'intérieur (art. 8).

Les experts procèdent au classement, au plan et à l'estimation des propriétés, avant et après l'exécution des travaux d'endiguement (art. 9 et 10).

Leur travail est soumis, après le classement, après chaque estimation, et dans chacun de ces cas, à une enquête qui dure un mois, pendant lequel les intéressés peuvent produire leurs observations (même loi, art. 11).

Le Préfet soumet ces observations aux ingénieurs et aux experts (art. 12).

La Commission spéciale prononce, en dernier ressort, sur toutes les questions qui peuvent naître à ce sujet, et notamment sur le classement, l'estimation, l'exactitude des plans des propriétés avant et après les travaux, l'interprétation des lois et décrets, en ce qui concerne la jouissance par les entrepreneurs des travaux d'une portion en deniers des produits, la vérification et la réception des travaux, la formation et la vérification des rôles de plus-value (art. 12 et 46).

Le rôle des plus-values, après avoir été approuvé par la Commission, est rendu exécutoire par le Préfet (art. 20).

Les propriétaires intéressés peuvent acquitter la plus-value en argent ou en rente à 4 0/0, ou encore opérer le délaissement d'une part de la propriété équivalente à la somme due par eux. Enfin, ils peuvent délaisser la totalité, de leur propriété, sur la base du prix fixé lors de la première estimation, arrêtée par la Commission (art. 31).

Si les travaux d'endiguement donnent lieu à la formation d'*alluvions*, c'est-à-dire à des atterrissements et accroissements qui se forment successivement et imperceptiblement aux fonds riverains, et donnent aux propriétés voisines du fleuve une notable augmentaton, ces alluvions appartiennent aux riverains, à chacun au droit de soi, à la conditiou de payer à l'Etat, pour cet accroissement de valeur de leur propriété, une équitable plus-value, limitée à la moitié des avantages acquis. (Code civil art. 556 ; — Loi du 16 septembre 1807, art. 30.)

Les conditions relatives à l'entretien et à la conservation des travaux d'endiguement sont réglées par la loi du 21 juin 1865, sur les associations syndicales. Il n'y est innové en aucune façon par le projet de Code rural, et nous ne nous y arrêtons pas.

Au lieu et place de cette législation, presque sans lacunes, d'une simplicité et d'une équité réelles, le projet de Code rural propose une série de dispositions dont voici le résumé. (Les modifications sont en caractères particuliers.)

Projet de Législation nouvelle.

L'Etat se chargera des travaux, ou les concédera à des entrepreneurs de son choix. (Art. 100.)

Une loi ou un décret *déterminera le périmètre des terrains qui sont présumés devoir profiter des travaux ;* il fixera la subvention de l'Etat et, s'il y a lieu, *la part contributive de la dépense à demander aux propriétaires intéressés ; cette part ne pourra excéder, pour chacun d'eux le quart du revenu annuel desdites propriétés.* (Art. 101, 105 et 69.)

Les ingénieurs procéderont aux classement et plans des propriétés, avant et après l'exécution des travaux ; ils en feront la notification aux intéressés, qui pourront présenter telles observations qu'ils jugeront convenables, sur des registres déposés à cet effet, dans les communes de la situation des travaux. (Art. 105, 70, 57, 58, 59 et 60.)

Le Préfet *statuera* sur ces observations, après avis des ingénieurs.

Les contestations qui les concerneront seront portées *en Conseil de préfecture avec recours au Conseil d'Etat.* (Art. 105 et 70.)

Si les travaux d'endiguement doivent donner lieu à des alluvions, il sera procédé, si elle n'a déjà été faite, à la délimitation du domaine public. (Art. 103.)

CES ALLUVIONS APPARTIENDRONT SOIT A L'ÉTAT, SOIT AUX CONCESSIONNAIRES. (Art. 104.)

Néanmoins les propriétaires riverains auront, pendant cinq années après la réception des travaux, même avant l'Etat ou les concessionnaires, droit de préemption sur ces alluvions nées au devant de leurs propriétés, et ils en paieront la valeur fixée à l'amiable, ou par des experts que le Tribunal civil nommera.

Les prescriptions relatives à l'entretien et à la conservation des travaux d'endiguement sont conservées. Les articles 38 à 72 du projet reproduisent presque littéralement le texte de la loi du 21 juin 1865.

Discussion du texte projeté.

1° DIFFÉRENCES AVEC LES TEXTES ACTUELS.

La comparaison de la législation actuelle concernant les endiguements, avec la législation proposée au projet met en évidence les différences suivantes :

1° La juridiction des Commissions spéciales est supprimée, et remplacée par celle des Tribunaux administratifs.

Le fonctionnement des Commissions spéciales paraît être imposé par la nécessité de confier à un Tribunal sédentaire et, autant que possible, invariable, la résolution de questions qui demandent à être examinées à leur début et à leur terminaison, par les mêmes juges. Nous voulons parler spécialement de l'appréciation des plus-values occasionnées aux propriétés particulières par des travaux qui atteignent souvent une grande durée.

D'autre part, les Commissions spéciales ont su, par leur intégrité et leur zèle, s'attirer la reconnaissance de tous les intéressés dans l'accomplissement de leurs fonctions délicates et honorifiques. Il semble donc que le régime des Commissions spéciales devrait être conservé dans tous les cas analogues à celui qui nous occupe.

Néanmoins, nous ne croyons devoir faire aucune objection à une mesure qui est une simplification dans les rouages de la juridiction et de la procédure.

Mais il nous semble que le projet, en transportant cette attribution au Conseil de préfecture, fait fausse route.

La loi du 28 pluviôse an VIII, qui a défini les attributions des Conseils de préfecture, a virtuellement réservé aux tribunaux civils toutes les questions relatives aux estimations des propriétés. C'est donc aux tribunaux civils qu'il conviendrait de déléguer les attributions actuelles des Commissions spéciales, plutôt qu'aux Conseils de préfecture dont elles augmenteraient les pouvoirs en opposition avec la loi qui les circonscrit.

Le rédacteur du projet semble partager notre manière de voir, lorsqu'il propose à l'article 104, dans le cas de préemption par les propriétaires, de faire désigner les experts par le *tribunal civil.*

N'est-ce pas une contradiction avec les articles précédents, et, en tous cas, une singulière complication dans la procédure que ce mélange des deux juridictions administrative et civile ?

2° Les opérations du classement et de l'estimation des propriétés sont enlevées aux experts ordinaires et confiées aux soins des ingénieurs.

Il est vrai que le Conseil de préfecture pourra, s'il le juge convenable, recourir à de nouvelles expertises ; mais les premières estimations n'en auront pas moins été faites, et pourront avoir, sur les décisions à intervenir, une influence dominante.

N'y a-t-il pas lieu de redouter l'inaptitude commerciale et agricole, ou la tendance à l'exagération des ingénieurs de l'Etat ?

Dans un rapport du 25 mars 1850, M. l'ingénieur ordinaire Beaulieu, écrit que les terrains d'alluvion qui naîtront derrière les digues de la Basse-Seine ne pourront être évaluées à moins de 4,000 fr. l'hectare.

Le 14 février 1850, M. l'ingénieur en chef, Doyat, renchérissant sur l'avis précédent, porte à 5,000 fr. la valeur de l'hectare des futures alluvions.

Ce sont ces mêmes terrains, que les commissions spéciales, après des débats contradictoires dans lesquels l'Etat avait fait donner toutes ses forces, ont estimés de 1,400 à 2,100 fr. en moyenne !

Il convient donc, suivant nous, ou de conserver le procédé actuel de nomination des experts, tout à l'avantage de l'administration, puisqu'elle en désigne deux, le choix du tiers-expert lui étant abandonné ; ou de confier le choix des *trois* experts au Tribunal civil, ainsi que l'indique, mais seulement dans le cas particulier précité, l'article 104 du projet.

3° Les terrains d'*alluvions*, nés entre les endiguements et les anciennes limites des propriétés, *attribués actuellement aux propriétaires riverains, leur sont retirés et transportés à l'Etat.*

Cette modification est la plus importante que comporte cette partie du Code rural.

Pour la discuter, nous nous poserons les questions suivantes :

1° Est-elle juridique?

2° Est-elle équitable?

1° Cette modification n'est pas juridique.

Les *alluvions*, que leur formation soit naturelle ou artificielle, appartiennent, en vertu de l'article 556 du Code civil, aux riverains.

Les décisions de la jurisprudence, en ce qui concerne les alluvions dites artificielles, sont presque unanimes dans ce sens. (Cass., 8 juillet 1829, Archinard. — Paris, 2 juillet 1831. — Bourges, 27 mai 1839 : J. P. 40, II, 446. — Paris, 7 juin 1839 : J. P. 39, II, Préfet de l'Yonne. — Agen, 11 novembre 1840 : J. P., I, 476. — Rejet, 8 août 1843 : J. P. 43, II, 115. — Rejet, 6 août 1849 : J. P. 50, I, 311. — Rouen, Sirey 1867, 2, 186. — Cass., 1868 Sirey 68, I, 392. — Paris, 6 août 1870.)

La doctrine est conforme aux décisions de la jurisprudence. (Voir Chardon, *Traité de l'Alluvion*, n°s 114 et suivants. — Garnier, *Régime des eaux*, I, n° 234. — Dalloz, v. *Propriété*. Répertoire alphabétique. — Daviel, *des Cours d'eau*, 1837, I, § 149, 151. — Marais, *Alluvions artificielles*, § 11.)

Ce n'est pas sans étonnement que l'on voit l'Etat proposer aujourd'hui une solution si différente de la solution admise en 1849 par la Commission qu'il avait chargée, à cette époque, d'étudier d'une manière spéciale la question des alluvions nées par suite des travaux d'endiguement de la Basse-Seine.

Cette Commission, qui comptait parmi ses membres les noms les plus considérables : M. de Vatimesnil, président; MM. de Sèze et Lefebvre-Duruflé, membres de l'Assemblée législative; Mallet et Frissard, inspecteurs des ponts et chaussées; Tournus, directeur général de l'enregistrement; de Franqueville, directeur général de la navigation et des chemins de fer; dans laquelle l'administration était largement représentée; n'a-t-elle pas écrit « qu'*aucune question de propriété ne peut s'élever* au sujet des « alluvions artificielles; que l'Etat ne réclame aucune part de terrain *à* « *titre de propriétaire?* »

En fait, l'Etat s'est toujours conformé aux principes ci-dessus exposés, et 3,000 hectares d'alluvions successivement délivrés aux propriétaires riverains témoignent suffisamment de cette obéissance.

La doctrine proposée par le projet de Code rural n'est donc pas juridique, puisqu'elle est contraire à la loi, à la jurisprudence et à la pratique des faits.

En présence d'une modification aussi profonde, il est étrange que l'exposé des motifs soit muet, et qu'il n'ait été présenté, pour la soutenir, ni raison ni même aucun prétexte; que le titre complémentaire, enfin, où il est fait la nomenclature des articles de loi dont le projet propose l'abrogation, ne fasse mention ni de l'article 556 du Code civil, ni de la loi de 1807, dont les dispositions seraient complètement bouleversées par l'acceptation de cette partie du nouveau Code rural. Quoi ! l'un des principes les plus anciens de la législation, le *droit à l'accession*, reçoit une semblable atteinte, et l'exposé des motifs reste muet sur une telle innovation !

2° La modification proposée n'est pas équitable.

Les riverains d'un fleuve jouissent, par ce voisinage même, de certains droits et de certains avantages.

Nous ne mentionnerons que pour mémoire le droit de pêche. Un avantage plus sérieux est de posséder au bord de la propriété, suivant l'expression pittoresque si connue, un chemin qui marche. Actuellement, un grand nombre de propriétaires de prairies établissent leurs magasins à fourrages sur le bord du fleuve, et font opérer par bateaux l'enlèvement de leurs foins. Supprimer à des riverains le voisinage du fleuve, c'est leur retirer cet avantage évident; c'est, à un autre point de vue, supprimer, pour l'avenir, toutes les chances de plus-value que ces terrains possèdent, de pouvoir devenir le siége d'usines ou de chantiers de construction.

En second lieu, toutes les propriétés voisines des fleuves comportent, depuis une période immémoriale, le droit aux alluvions. Ce droit fait partie intégrante de la propriété; il en constitue une portion importante de leur valeur. Il est transmis avec elle, et généralement mentionné dans tous les actes de mutation.

Comment peut-il en être autrement?

Dans la Basse-Seine, par exemple, les déplacements périodiques du lit du fleuve découvraient tantôt au nord, tantôt au sud, des alluvions considérables qui, après un certain nombre de disparitions et de réapparitions successives, se fixaient définitivement sous le nom de hauts prés, et constituaient une véritable conquête sur le lit du fleuve. Entre la Mailleraye et le cap du Hode, sur une longueur de 35 kilomètres, on compte qu'une période de trois ou quatre siècles a successivement fixé aux propriétés riveraines, et en dehors des travaux d'endiguement entrepris par l'Etat, une surface de 10 à 12,000 hectares de prairies d'alluvions, qui valent aujourd'hui de 4 à 5,000 fr. l'hectare.

Comment admettre le caractère d'équité à une loi qui supprimerait, d'un trait de plume, de pareilles éventualités de possession ?

Mais, dira-t-on, est-il juste qu'un propriétaire profite d'accroissements créés sur le domaine public au moyen des dépenses effectuées par l'Etat ?

Tout d'abord, nous avons vu qu'avec la législation actuelle le propriétaire riverain ne tire pas de cet accroissement un profit absolument gratuit, puisqu'il doit payer à l'Etat, dans le présent, une plus-value représentant la moitié des avantages qu'il recueille, et que, dans l'avenir, il devra participer, dans une proportion encore indéterminée, aux travaux d'entretien de l'endiguement.

Mais qu'on y prenne garde ! Si l'Etat est propriétaire du domaine public, c'est à cause de l'utilité que le public retire de cette propriété, c'est parce que les eaux du fleuve coulent sur ces terrains pour l'usage de la navigation que le lit dépend de ce domaine.

Mais que, par un événement quelconque, cas fortuit ou travail de l'homme, les eaux viennent à déserter leur lit, où est la raison de maintenir sur les terrains émergés la propriété de l'Etat? Ces terrains ne servent plus au public ; leur destination et dès lors leur caractère juridique sont profondément transformés. Ainsi l'Etat, qui n'est propriétaire que dans un intérêt général, ne peut se plaindre d'être privé d'une propriété dont l'intérêt général ne profite plus. Il n'y a point alors spoliation de l'Etat, pas plus que dans le cas de la production de l'alluvion dite naturelle, mais véritablement retour à la propriété privée, d'un domaine que la nature ou le caprice des eaux avait temporairement soustrait à l'action individuelle du riverain. Dans le cas où les agissements de l'Etat ont précipité ce retour, le riverain est d'ailleurs astreint à payer une indemnité dont la loi de 1807 a déterminé la valeur maxima.

Nous avons démontré que le nouveau texte législatif contenu au projet du Code rural n'est pas nécessaire, puisque la législation actuelle est absolument suffisante ; — qu'il n'est, d'autre part, ni juridique ni équitable. Nous devons ajouter que la rédaction projetée présente, même au point de vue du système proposé, des lacunes considérables.

2° LACUNES DU PROJET.

La première lacune, laquelle existe d'ailleurs dans la législation actuelle, est relative à la *délimitation du domaine public*, en ce qui concerne les fleuves et rivières navigables ou flottables.

Insuffisance de la définition du domaine public.

L'art. 538 du Code civil dit uniquement : « Les fleuves et les rivières navigables ou flottables ne sont pas susceptibles de propriété privée, et sont considérés comme des dépendances du domaine public. »

Tant qu'il s'agit seulement des fleuves et rivières où le reflux des marées ne se fait pas sentir, il n'y a aucune confusion possible : *le domaine public est le terrain couvert par les eaux du fleuve, coulant à pleins bords, avant tout débordement.*

Mais cette dénomination peut-elle s'étendre, ainsi que l'affirme l'Etat, à tout le terrain submergé, lorsque le reflux de la mer, interrompant le cours du fleuve, en gonfle et refoule les eaux? Car la prétention de l'Etat est de comprendre sous le nom de lit du fleuve, non-seulement la cuvette dans laquelle celui-ci roule ordinairement ses eaux, mais même les prairies qui sont atteintes et recouvertes par les eaux provenant du fleuve refoulé par les très-hautes mers, si loin que ces prairies s'étendent, et quelle que soit la distance à laquelle elles se trouvent de la cuvette elle-même.

Cette interprétation est contraire à l'article 538 précité du Code civil. En effet, le texte de cet article exclut du domaine public tout ce qui est *susceptible de propriété privée ;* et l'Etat qui a reconnu, jusqu'au milieu du siècle, les riverains propriétaires de ces prairies, à titre d'alluvions ; qui en opère chaque jour l'aliénation, encore bien qu'elles soient submergées par les hautes mers, admet ainsi qu'elles sont susceptibles de propriété, et les exclut, par cela même, du domaine public.

Ces aliénations par l'Etat de ces terrains qu'il prétend être compris dans le domaine public, sont opérées journellement par lui.

L'Etat a aliéné, dans la Basse-Seine, les alluvions de Vatteville, de Notre-Dame-de-Gravenchon, de Radicatel, alors qu'elles étaient couvertes encore, même par les mers moyennes. Les alluvions de Saint-Nicolas-de-Bliquetuit dont la délivrance est opérée, sont encore submergées par les hautes mers. Enfin, les prairies de Saint-Wandrille-Rançon, dont les propriétaires jouissent depuis 1868, même avant qu'elles aient commencé d'apparaître, dont la maturité vient d'être récemment reconnue d'une manière officielle, sont recouvertes par les eaux des hautes mers, même de morte-eau.

Il n'y a qu'un moyen de faire cesser cette confusion de la théorie avec la pratique, c'est de déclarer légalement : ou bien que le domaine public est la cuvette du fleuve limitée au terrain couvert par les eaux du fleuve s'écoulant vers la mer, ou qu'il s'étend aux prairies recouvertes par les eaux de la mer. Le principe, une fois posé dans un sens ou dans l'autre, ne pourra plus être ensuite transgressé par le caprice de l'Administration.

Il importe donc que la loi contienne l'une ou l'autre définition; nous opinons pour la première, la seule pratique et légitime à nos yeux.

La seconde lacune que nous signalons dans le texte projeté est la suivante :

Les art. 103 et 104 prévoient qu'il sera procédé à la délimitation du domaine public d'avec le domaine privé, et que tout ce qui naîtra sur le premier sera la propriété de l'Etat; mais, est-il juste que le riverain se trouve dépossédé — sans indemnité — des avantages que lui conférait la proximité du fleuve. On a vu plus haut, en effet, que la propriété d'un terrain situé sur le bord d'un cours d'eau comporte, comme accessoires, l'éventualité d'alluvions parfois très-importantes. Quel sera le sort de cette éventualité dont le riverain est privé désormais? Quelle juridiction en fixera la valeur? — ou l'Etat la supprimera-t-il sans indemnité? Il importe de s'expliquer à cet égard.

L'art. 101 contient une lacune et même un danger très-sérieux pour les riverains.

Il décide, en effet, d'ores et déjà, même avant d'avoir constaté si les propriétés riveraines auront tiré un profit certain des travaux de l'Etat, que les propriétaires pourront être imposés annuellement pour le *quart* de leur revenu.

Pourquoi cette charge exclusivement imposée aux riverains d'un fleuve? A-t-elle été jamais appliquée aux riverains des grandes routes de terre ferme?

C'est donc une mesure inégale et qui peut devenir inique.

Quand commencera l'établissement de cet impôt? A quelle époque prendra-t-il fin? Qu'on songe à la dépréciation que, d'un trait de plume, on va infliger à toutes les propriétés riveraines des fleuves et rivières navigables ou flottables, en les rendant sujettes au paiement d'une redevance qui peut atteindre annuellement le quart de leur revenu! Pourquoi ce bouleversement? Quel intérêt majeur le rend nécessaire?

L'article 104 prononce les mots « réception des travaux. » Comment cette réception sera-t-elle opérée? Quel tribunal aura l'autorité nécessaire pour reconnaître que les travaux sont réellement terminés et doivent être considérés comme reçus, soit afin de déterminer le commencement de la période pendant laquelle les propriétaires auront le droit de préemption sur les alluvions, soit afin de faire cesser le laps de temps pendant lequel les riverains seront soumis à l'impôt forcé du quart de leur revenu ?

Ces questions ne sont pas oiseuses.

Tout le monde connait le procès intenté par les héritiers de Condé à l'Etat pour obtenir la déclaration que les travaux d'endiguement opérés dès 1853, devant le Marais-Vernier, soient enfin terminés. Il y a vingt-quatre ans que ces travaux sont commencés, vingt ans qu'ils sont finis, que l'Etat approfite, pour lui-même, les revenus des alluvions nées entre l'ancienne rive et la nouvelle, et qu'il s'obstine à déclarer que le moment n'est pas venu de considérer ses travaux comme achevés.

En 1873, à Saint-Wandrille, M. X... réclame à l'Etat la délivrance des alluvions nées au droit de sa propriété. Tandis qu'il reconnaît à ses voisins le droit de jouissance, l'Etat le refuse à M. X... Le procès est à peine fini, qu'une raison d'intérêt opposé fait changer d'attitude, et l'Etat reconnaît le lendemain les alluvions mûres et les travaux terminés, après l'avoir démenti la veille.

A Tancarville, la Cerlangue et Saint-Vigor, les propriétaires riverains pressent l'Etat de reconnaître que ses travaux sont achevés, et qu'il est opportun de leur délivrer les alluvions créées derrière l'endiguement. Il va céder. Mais une question, feinte ou réelle, s'élève. La remise des alluvions aux propriétaires ne contribuera-t-elle pas à provoquer l'ensablement du port du Havre, situé à 15 kilomètres en aval ? Grand débat à ce sujet entre les ingénieurs. Pendant ce temps, les cent mille francs de revenu que ces alluvions donnent, sont versés dans les caisses de l'Etat, et tel petit propriétaire, dont la part d'alluvion est toute la fortune, se fait inscrire au bureau de bienfaisance de sa commune.

Qu'il nous soit permis de poser une dernière question. Elle répond encore à une lacune du projet.

Au cas où la doctrine proposée serait admise, et où la propriété des alluvions nées derrière les endiguements, serait reconnue à l'Etat, quelle conduite tiendra-t-on vis-à-vis des propriétaires de la Basse-Seine dont les alluvions sont excrues, mais non encore délivrées ?

Quelle mesure ne devra-t-on pas craindre d'une administration qui, depuis quelques années déjà, et alors que la législation dit le contraire, affecte de se considérer comme le propriétaire, au moins temporaire, des terrains dont ses travaux ont favorisé la naissance, et se refuse à convenir de l'opportunité de leur délivrance ; lorsqu'un texte de loi aura déclaré qu'elle en est légalement propriétaire ?

CONCLUSIONS.

Nous concluons de tout ce qui précède :

Que le texte proposé au chapitre 4 des endiguements doit être absolument rejeté ;

Qu'il convient de s'en tenir à la législation actuelle dont le texte peut être inséré au Code rural ; qu'il y a lieu uniquement de compléter la définition du domaine public, en ce qui concerne le lit des fleuves et des rivières navigables ou flottables, en le limitant au terrain couvert par les eaux du fleuve ou de la rivière coulant vers la mer, à pleins bords et avant tout débordement.

Rouen, 20 Novembre 1876.

A. GOUAULT.

L'avocat à la Cour d'appel soussigné déclare adhérer entièrement aux critiques et observations contenues dans le Mémoire ci-dessus.

Rouen, le 22 novembre 1876.

O. MARAIS,

AVOCAT,

Auteur du *Traité des Alluvions artificielles.*

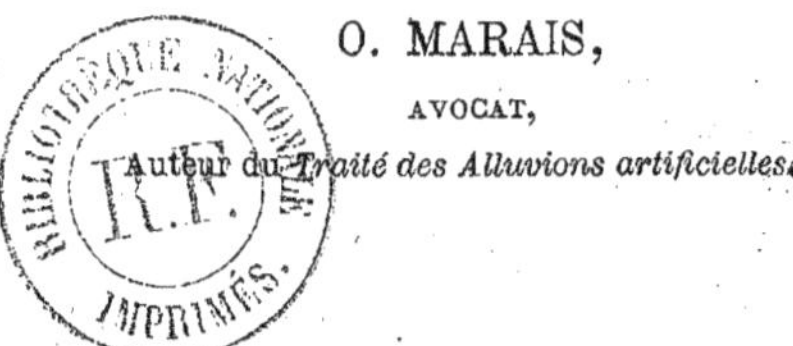

Rouen. — Imp. Ch.-F. Lapierre.

www.ingramcontent.com/pod-product-compliance
Lightning Source LLC
LaVergne TN
LVHW010339230826
846091LV00009B/3949
9782011905024